中资海派·尚生活
只为热爱生活的你!

AISARERU OSHIRI WO TSUKURU 10-KAKAN RESSUN – YUME NO MAINASU 5-SENCHI GA TENI HAIRU

Copyright © 2006 by Mieko Saito
First published in Japan in 2006 by WAVE PUBLISHERS CO., LTD.
Simplified Chinese translation rights arranged with WAVE PUBLISHERS CO., LTD.
through Japan Foreign-Rights Centre/Bardon-Chinese Media Agency.
Simplified Chinese edition Copyright © 2011 by **Grand China Publishing House**
All rights reserved.

No part of this book may be used or reproduced in any manner whatever without written permission except in the case of brief quotations embodied in critical articles or reviews.

版贸核渝字(2011)第111号

图书在版编目(CIP)数据

10万人亲身实践,10天打造紧实俏臀/(日)齐藤美惠子著;郭勇译.－重庆:重庆出版社,2011.8
书名原文:愛されるおしりをつくる10日間レッスン 夢のマイナス5センチが手に入る
ISBN 978-7-229-04250-9
Ⅰ.①1… Ⅱ.①齐… ②郭… Ⅲ.①女性－臀－健美运动 Ⅳ.①G831.3

中国版本图书馆CIP数据核字(2011)第115589号

10万人亲身实践,10天打造紧实俏臀
10WANRENQINSHENSHIJIAN,10TIANDAZAOJINSHIQIAOTUN

〔日〕齐藤美惠子 著
郭 勇 译

出 版 人:罗小卫
策 划:中资海派·重庆出版集团科韵文化传播有限公司
执行策划:黄 河 桂 林
责任编辑:朱小玉
特约编辑:王 丹
版式设计:王若羽
封面设计:艾舍书装 罗志宗

重庆出版集团
重庆出版社 出版

(重庆长江二路205号)

深圳市鹰达印刷包装有限公司制版印刷
重庆出版集团图书发行有限公司发行
邮购电话:023-68809452
E-mail: fxchu@cqph.com
全国新华书店经销

开本:889mm×1250mm 1/32 印张:4 字数:107千
2011年8月第1版 2011年8月第1次印刷
定价:22.00元

如有印装质量问题,请致电:023-68706683

本书中文简体字版通过 Grand China Publishing House (中资出版社)授权重庆出版社在中国内地出版并独家发行。未经出版者书面许可,本书的任何部分不得以任何方式抄袭、节录或翻印。

版权所有,侵权必究

10万人亲身实践，10天打造紧实俏臀

（日）齐藤美惠子 著
郭勇 译

重庆出版集团　重庆出版社

魅力美臀，你也可以拥有！

臀部位于人体的中央部位。支撑臀部的是骨盆，而骨盆也是支撑我们整个身体的基础，它甚至影响着人体左右的平衡。

臀部，也是女性魅力的象征。如果说臀部的大小、形状决定着一个人体型的平衡，其实一点也不夸张。

因为工作的关系，我接触过很多女性朋友，但是敢于说"我喜欢自己臀部"的人却寥寥无几。不仅如此，甚至有很多人认为臀部是自己身体最大的缺陷。

臀部在我们身体中发挥着那么重要的作用，我真希望所有女性都能对自己的臀部充满自信，敢于把自己的美臀展现在他人面前。

这也是我编写《10万人亲身实践，10天打造紧实俏臀》这本书的初衷。这本书的目标是教会大家用10天时间塑造出理想中的紧实美臀。为了在短时间取得显著效果，本书的训练计划包括了肢体训练、伸展运动、步行训练和姿势训练。如果你每天都有认真训练的话，那么10天之后，臀部就会比现在瘦5厘米，而且变得紧实上翘。

那么，我们就开始上课吧！在接下来的10天里，我会是一个认真而严格的教练。让我们一起努力吧！

我相信，10天之后大家一定会爱上自己的紧实美臀！就让我们共同见证奇迹的发生吧！

目 录 CONTENTS

✳ 魅力美臀，你也可以拥有！　　1

✳ 预习1　本书的使用方法　　6
　①10天的课程安排　6
　②一日流程安排　8
　③正确的测量方法　10

✳ 预习2　了解你的臀部　　12
　①臀部详解　12
　②你的臀部属于哪种类型　14

 消除浮肿 －1厘米　　15

　促进新陈代谢：**早操训练**　　18
　调整骨骼平衡：**上下班时的步行锻炼**　　21
　排出多余水分：**晚饭前的10秒健康姿势**　　24
　促进血液循环：**晚饭后的伸展运动**　　26
　改善全身骨骼歪斜：**睡前的肢体训练**　　28
　关于臀部的二三事①　拉丁民族衡量美女的标准之一就是臀部！　　30

放松僵硬肌肉 ±0厘米 31

唤醒沉睡的肌肉：**早晨的伸展运动** 34
活动骨盆周边的肌肉：**午休时的肢体训练** 38
伸展下半身的肌肉：**沐浴时的15秒健康姿势** 40
调整肌肉的平衡：**睡前的肢体训练** 42
关于臀部的二三事② 梦露式走法的秘密 44

紧实臀部肌肉 －1厘米 45

放松与骨盆连接的关节：**早晨的伸展运动** 48
让骨盆的状态复原：**午休时的10秒健康姿势** 50
强化骨盆及其周边的肌肉：**晚饭前的"臀部行走"训练** 52
收紧骨盆①：**晚饭后的肢体训练** 54
收紧骨盆②：**睡前的5秒健康姿势** 58
关于臀部的二三事③ 紧身衣会损害臀部？ 60

提臀 －2厘米 61

刺激臀部周边的肌肉：**早操训练** 64
收紧臀部肌肉：**上下班时的 30 秒健康姿势** 69
锻炼臀部肌肉：**晚饭后的肢体训练** 70
让臀部肌肉紧实上翘：**晚饭后的步行训练** 72
强化下半身肌肉：**睡前的肢体训练** 75
关于臀部的二三事④ 女性的什么最性感？ 80

 为下半身塑形 －1厘米 81

提高脂肪的燃烧效率：**早晨的步行训练** 84
燃烧腹部周围的脂肪：**午休时的 5 秒健康姿势** 87
塑造优美的腰部曲线：**晚饭前的肢体训练** 88
改善淋巴代谢：**晚饭前的步行训练** 90
消除大腿赘肉：**晚饭后的肢体训练** 92
让臀部和大腿之间的界线变清晰：**睡前的肢体训练** 94
关于臀部的二三事⑤ 过生日"打屁股" 96

 维持紧实美臀　瘦更多　97

塑造活力的肌肉：**早晨的 10 秒健康姿势**　100
强化双腿肌肉：**早晨的肢体训练**　102
消除下半身多余的脂肪：**午休时的肢体训练**　104
塑造易瘦体质①：**晚饭前的步行训练**　106
塑造易瘦体质②：**晚饭后的肢体训练**　109
消除疲劳、放松身体：**一天即将结束时的身体护理**　112

＊　**齐藤美惠子の Private Salon**　117
　　爱惜身体的生活建议　118
　　我的秘传臀部按摩法和穴位按摩法　120

＊　**结束语**　122

＊　**FASHION ITEMS**　123

预习1 本书的使用方法

  10天的课程安排

本书介绍的10天美臀课程,由6个步骤组成。为了让臀部瘦5厘米,获得"人见人爱"的美臀,你需要扎扎实实地按照顺序从第1步练到第5步。每个步骤练2天,10天后美臀便初步成型。不过接下来便要进入第6个步骤了,你一定要坚持练习,保持你的紧实美臀。

第1天、第2天,-1厘米

Step 1

消除浮肿

我们先来消除浮肿,目标是让臀围减少1厘米。骨骼歪斜是造成浮肿的首要原因。这一步的训练,我会教大家在矫正骨骼歪斜的同时,改善血液循环、促进新陈代谢,并排出体内多余的废物,防止臀部形成脂肪团。

要从现在开始努力哟!

渐渐地,已经习惯了?

第3天、第4天,±0厘米

Step 2

放松僵硬的肌肉

消除浮肿后,让我们来放松一下僵硬的肌肉。肌肉僵硬的话,关节和韧带都会僵硬不灵活,也容易淤积脂肪。我会教大家把僵硬的肌肉锻炼成柔软而富有弹性的肌肉。

每次练得少一点不要紧，一定要坚持不懈……

未来瘦更多！

Step 6
维持紧实美臀

经过前面10天的训练，你的臀围应该顺利减小了5厘米。但是如果就此松懈的话，很快便会出现反弹。好不容易拥有的美臀，我们一定要保持下去！这样真正"人见人爱"的紧实翘臀才算塑造完成。

第9天、第10天，－1厘米

Step 5
为下半身塑形

这是塑造"人见人爱"美臀的最后一步。目前为止，你可能已经感受到效果了。但还要继续努力！从腰部到臀部再到大腿，塑造出完美曲线。

第7天、第8天，－2厘米

Step 4
提　臀

这可是训练的主要环节，要把紧实的臀部肌肉向上提起来。锻炼骨盆周围的肌肉，让臀部和大腿的界线清晰起来，获得紧实而上翘的臀型。这可是关键的一步，大家加油哟！

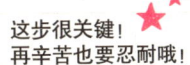

这步很关键！
再辛苦也要忍耐哦！

第5天、第6天，－1厘米

Step 3
紧实臀部肌肉

通过几天的锻炼，臀部训练已经渐入佳境了。在这两天的训练中，我们把重点放在臀部的基础——骨盆上。骨盆调整平衡后，臀部肌肉就会变紧实，至少都能减少1厘米。慢慢地你就能感受到自己臀部的变化。

❷ 一日流程安排

10天的课程安排大家已经大体了解,现在我们再来看看每一天的具体安排。本书将一天大体上分为早晨、白天、晚上、睡前四个时间段,为每个时间段都准备了合适的训练项目。每个人都可以轻轻松松做到。请大家掌握提升瘦身效果的要点,在短时间内集中训练吧!

早晨 *Morning*

- ☀ 深呼吸清新空气
- ☀ 想象着身体内的每一个细胞都被唤醒
- ☀ 有意识缓慢地加大动作幅度
- ☀ 要感觉身体从内部开始温暖起来就对了

白天 *Daytime*

上班时间
- ☀ 尽量少穿高跟鞋,多穿舒适的鞋子走路
- ☀ 少坐电梯,多走楼梯
- ☀ 左右肩膀交替挎包、背包

午休时间
- ☀ 伸个大懒腰,让僵硬的身体放松下来
- ☀ 好好吃午饭
- ☀ 多到户外呼吸新鲜空气

睡前

- 进行训练时,想象着自己正在保养忙碌了一天的身体
- 营造舒适的睡眠环境
- 好好睡觉,为明天养精蓄锐

洗澡时间

- 从距离心脏较远的部位开始冲淋浴
- 泡在温热的浴缸中
- 半身浴也有促进新陈代谢的效果

晚上

晚饭后

- 饭后1小时内不做剧烈运动
- 点上香薰蜡烛、播放美妙的音乐,营造舒适环境
- 身心放松,想象着一天的疲劳离自己远去

Evening

晚饭前

- 换上可以使人放松的居家服
- 饭前不吃零食
- 喝水补充水分

❸ 正确的测量方法

为了真实地感受到训练效果，必须每天测量自己的臀围。测量时要注意每次必须测量同一个位置。因为每天臀围的增减变化不可能特别明显，所以测量位置不准确，造成误差的话，测量就失去了意义。因此必须首先学会正确的测量方法。每天通过准确测量，可以了解身体的细微改变，同时也能让我们更有动力坚持下去。

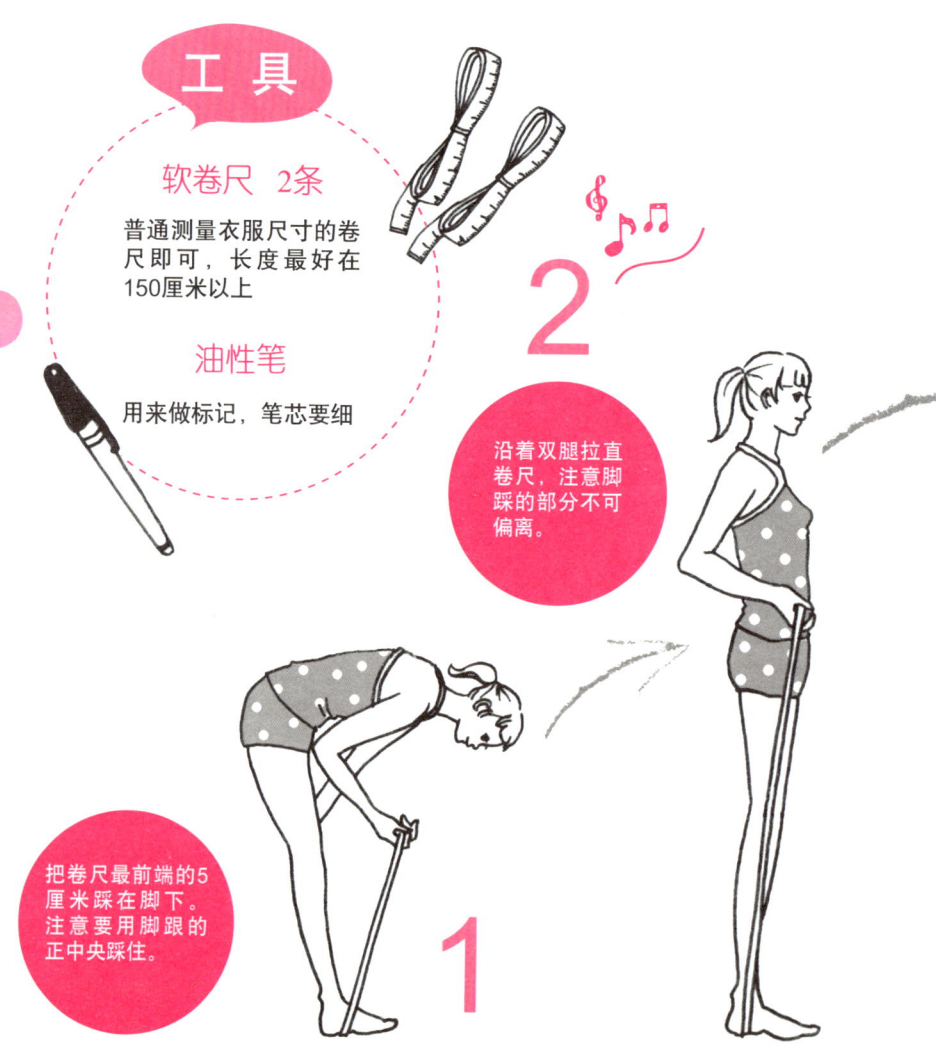

工具

软卷尺 2条
普通测量衣服尺寸的卷尺即可，长度最好在150厘米以上

油性笔
用来做标记，笔芯要细

1 把卷尺最前端的5厘米踩在脚下。注意要用脚跟的正中央踩住。

2 沿着双腿拉直卷尺，注意脚踝的部分不可偏离。

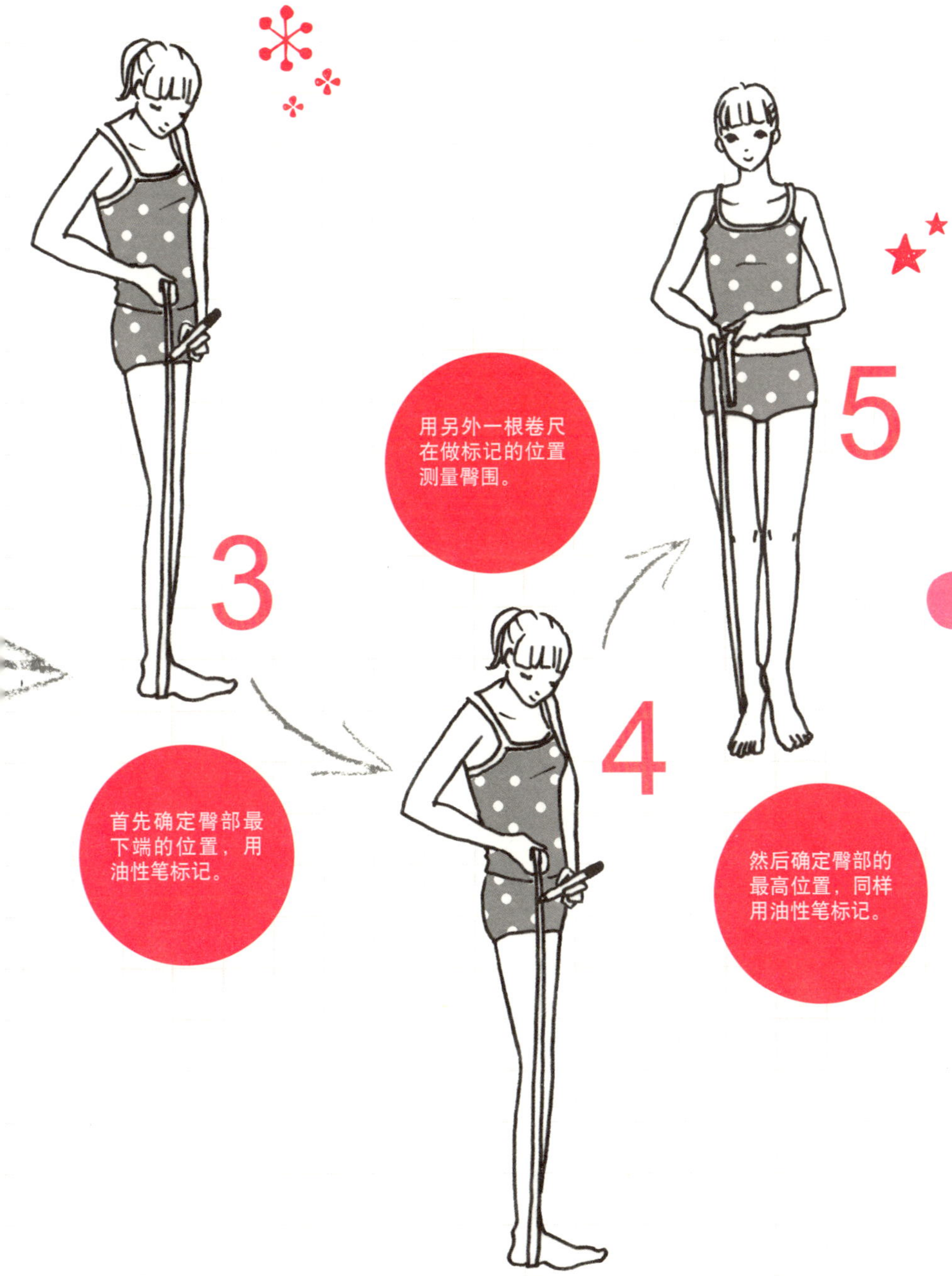

3 首先确定臀部最下端的位置，用油性笔标记。

4 然后确定臀部的最高位置，同样用油性笔标记。

5 用另外一根卷尺在做标记的位置测量臀围。

了解你的臀部

❶ 臀部详解

骨盆是臀部的基础。如果骨盆歪斜、扭曲,那么上面的肌肉自然也会发生扭曲。这样一来臀型当然不会好看。因此要想健美臀部,首先应该学习一些有关骨盆和臀部肌肉的知识。

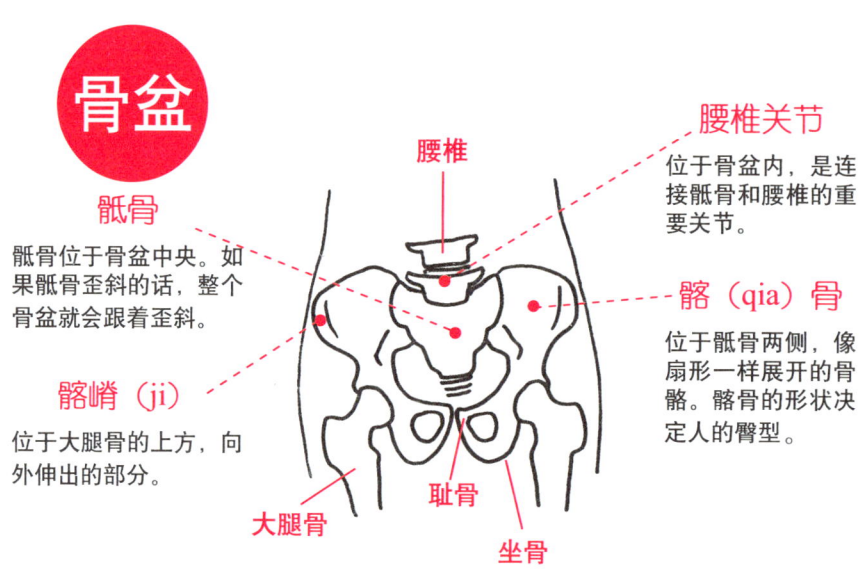

骨盆

腰椎

腰椎关节
位于骨盆内,是连接骶骨和腰椎的重要关节。

骶骨
骶骨位于骨盆中央。如果骶骨歪斜的话,整个骨盆就会跟着歪斜。

髂(qia)骨
位于骶骨两侧,像扇形一样展开的骨骼。髂骨的形状决定人的臀型。

髂嵴(ji)
位于大腿骨的上方,向外伸出的部分。

大腿骨

耻骨

坐骨

正常的骨盆可以勾勒出一个倒三角形。如果骨盆歪斜、扭曲的话,人体的基础代谢就会下降,于是脂肪便容易在体内淤积。脊椎骨也会因此失去平衡,使人的姿态不正确(驼背)。还可能会导致内脏下垂压迫肠子,从而造成便秘。骨盆歪斜还可能引起浮肿、O型腿、寒性体质、肩膀僵硬、腰痛等各种各样的不适症状。

左髂骨内侧到右髂骨内侧的长度在23—24厘米,就是理想的骨盆!

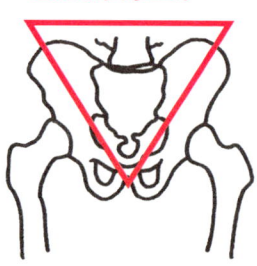

肌肉

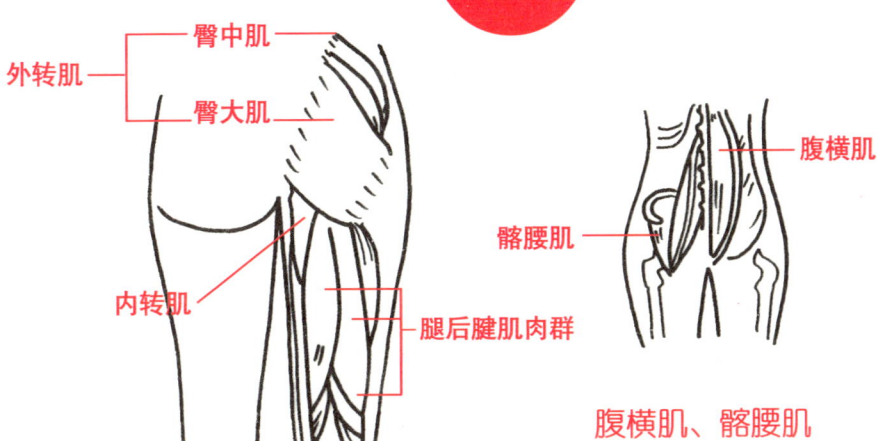

外转肌、内转肌、腿后腱肌肉群

这些都是臀部和大腿部的肌肉群。把这些肌肉群锻炼好,臀部和大腿之间的界线就会清晰分明,臀型也会变得更加紧实上翘。

在构成臀部的肌肉群中,臀大肌和臀中肌占着最为重要的地位。平时的生活中,这些肌肉又很容易被忽视,不注意锻炼的话肌肉就会退化,脂肪就容易淤积。而肌肉的衰弱又会对骨盆造成不良影响。因此我们首先要让不常用到的肌肉放松下来,然后加以适当的刺激和锻炼。如果突然进行剧烈训练,反而会造成肌肉酸痛。所以不要着急,要按部就班地进行科学训练。

腹横肌、髂腰肌

这是从内侧和外侧支撑内脏的肌肉群。锻炼这部分肌肉群,可以防止内脏下垂,以及便秘和痛经等症状。

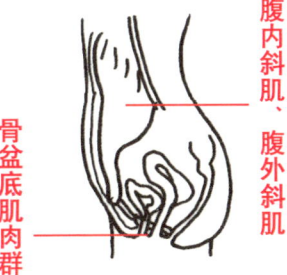

腹内斜肌、腹外斜肌、骨盆底肌肉群

腹内斜肌和腹外斜肌是塑造腰部曲线的主要肌肉。骨盆底肌肉群则是从底部支撑骨盆的肌肉群。锻炼这些肌肉,可以让你腰部到臀部的曲线变得更完美。

② 你的臀部属于哪种类型

要想塑造紧实美臀，首先要了解自己的臀部。了解之后，就能找到臀部不美的原因，并明确哪里需要重点改善，以及该通过什么样的训练来改善。

我给大家设计的训练课程是根据臀部的具体类型来定的，不同类型的臀部，训练的内容也不尽相同。下面是"问题臀部"的三种典型类型。请站在镜子面前，判断自己属于哪一种臀型。

扁平臀

由于骨盆松开，导致肌肉衰退，臀部松弛，使原本浑圆而有弹性的臀部变得扁平。

这些人容易出现扁平臀！

- *缺乏运动
- *坐时喜欢跷二郎腿

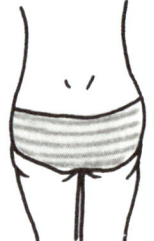

下垂臀

由于骨盆松开，腰部相对也变得宽大，造成腰部和臀部的整体肌肉下垂。臀部和大腿之间除了应有交界线外，还会出现两层甚至三层赘肉。

这些人容易出现下垂臀！

- *工作关系久坐
- *经常穿小尺寸内裤

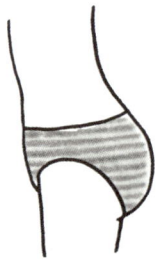

突　臀

S形，但有些人由于长期姿势不正确，使脊椎骨失去曲线，变得笔直。结果造成骨盆前倾，臀部变得向后突出。

这些人容易出现突臀！

- *姿势不正确（驼背）
- *经常穿不便行走的高跟鞋

Step 1

消除浮肿 －1厘米

××××××××

改善骨骼歪斜，
促进血液循环，
加速新陈代谢。
从根本上消除浮肿，
让臀部紧实上翘。

Step 1 消除浮肿 －1厘米

不同臀部类型的训练计划

早晨

做早操促进新陈代谢

早晨起床，我们先从唤醒沉睡的肌肉做起。通过大幅度地舒展身体以促进新陈代谢，给全身注入活力。新陈代谢顺畅的话，身体就不容易淤积脂肪。

扁平臀……3次
下垂臀……5次
突　臀……3次

上下班

用正确的走路方式调整骨骼平衡

用正确的姿势走路，是塑造漂亮体型的基础。刚开始可能会比较辛苦，也很容易疲劳。但习惯之后，你会发现这样走路身体反而不会有负担。

不管臀部属于哪种类型，我们都应该尽量少乘坐交通工具，多多步行锻炼身体。

晚饭前

通过姿势训练排出体内多余水分

如果淋巴液循环不畅，多余的水分和废物就会滞留在体内，从而引起浮肿。当天的浮肿必须在当天消除。这一时段的训练，请大家通过刺激淋巴结来消除浮肿。

扁平臀……5次
下垂臀……5次
突　臀……3次

晚饭后

通过伸展运动改善血液循环

慢慢地将身体放松，通过促进血液循环来消除浮肿。这部分伸展训练还有调整骨盆平衡的效果。

扁平臀……3次
下垂臀……5次
突　臀……5次

睡前

通过肢体训练改善全身的歪斜

日常生活中，很多不经意的举动，都有可能会让我们的骨架变得歪斜。在睡前进行一些肢体训练，纠正身体出现的问题，不要让今天的问题积累到明天。这些训练还有助于改善肩膀僵硬和头痛等症状。

不管臀部属于哪种类型这组动作至少都要做3次

促进新陈代谢
早操训练

所谓促进新陈代谢，就是指好好锻炼肌肉，给身体注入活力。新陈代谢速度提高后，脂肪便不容易在体内淤积。一日之计在于晨，从睡梦中醒来后，让我们先来唤醒沉睡的肌肉，让体内的发动机运转起来。这样大幅度舒展身体，就可以有效促进新陈代谢。

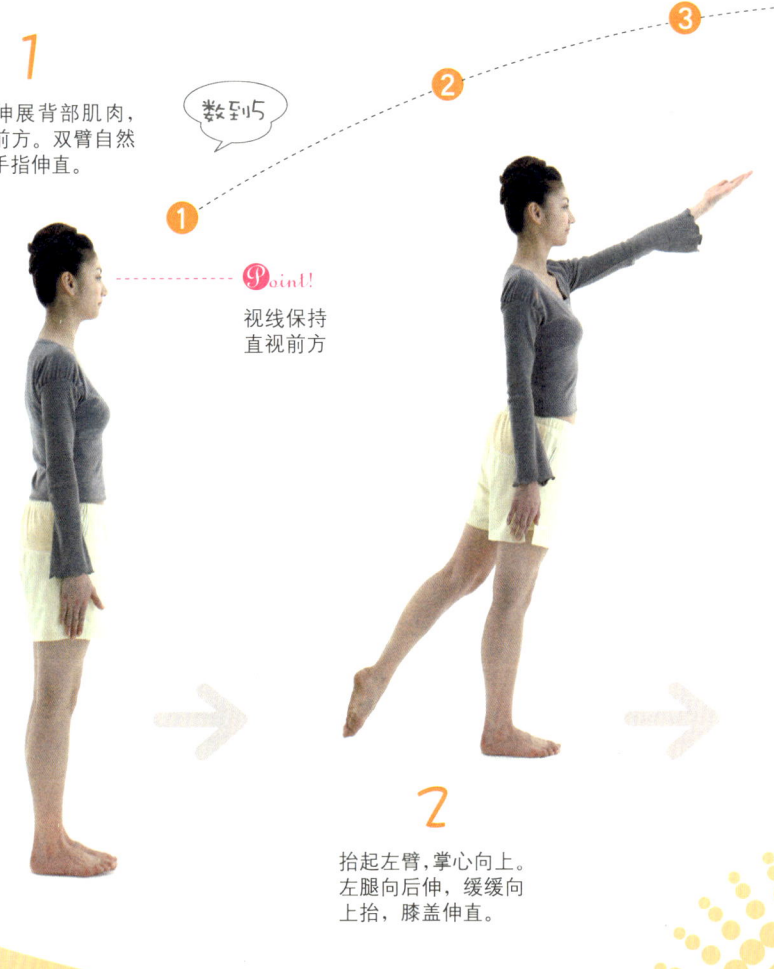

1
站直，伸展背部肌肉，目视正前方。双臂自然下垂，手指伸直。

数到5

Point!
视线保持直视前方

2
抬起左臂，掌心向上。左腿向后伸，缓缓向上抬，膝盖伸直。

促进新陈代谢
早操训练

数到5

Point!
手臂紧贴耳朵

7 手臂上举到最高位置时,应该紧贴耳朵。腿自然向后抬高。

6 同样举起右臂和右腿。注意力集中在举起的手臂和腿上,充分伸直、举起。

数到5

8 数5下的同时,右臂和右腿慢慢收回。

9 回到最初姿势。感觉到身体内部开始暖和起来,就成功了。

Step 1
消除浮肿 －1厘米

调整骨骼平衡
上下班时的步行锻炼

正确的基本姿势和走路方式，对我们全身骨骼、肌肉的平衡都有重大影响。如果平时坐、卧、立等基本姿势不规范，或走路方式不正确，骨骼就会慢慢失去平衡，甚至破坏从头到脚的优美曲线。每天上下班时，用正确、优美的姿势走路，是塑造美臀的第一步。

先掌握基本姿势！

Point! 略微收下巴，目视正前方。

Point! 双肩向后张开，双肩高度一致。

Point! 下腹用力，臀部勿突出。

1 脚尖并拢，双臂向正上方伸直。微收下巴，目视正前方。

2 深呼吸的同时，缓缓将手臂向两侧放下。

3 想象从头顶到脚跟，可以连成一条垂直于地面的直线。

调整骨骼平衡
上下班时的步行锻炼

侧面图

3
从基本动作开始。想象着自己靠墙壁站立，头、肩膀、臀部、小腿肚和脚跟 5 个点贴着墙壁。（前一页 3 的侧面图）

4
步行时不要破坏基本姿势，背部肌肉依然舒展，支撑腿的重心从脚跟向脚尖移动。抬起那只脚的脚尖略微朝向外侧。

Step 1

消除浮肿
－1厘米

5
大幅度摆臂和跨步。伸出的那条腿膝盖伸直,脚跟先着地。臀部要收紧,不要向后突出。

6
上半身停在跨出那条腿膝盖的正上方。跨出去时,膝盖内侧要充分伸直。想象着自己在沿着一条直线行走。

排出多余水分
晚饭前的10秒健康姿势

很多朋友到了傍晚的时候,腿和脚就会严重浮肿。因为白天不经意的错误坐姿和举动都会让骨盆发生歪斜,从而引起淋巴液循环不畅,便造成腿部浮肿。当天的浮肿一定要在当天消除掉。本节介绍的姿势训练,通过刺激大腿根部的淋巴结,将多余的水分和废物排出体外,促进下半身的新陈代谢。

腿向前伸直,双手在身后支撑身体,脸朝正前方,放轻松。

右膝弯曲,双手抱膝。注意身体不要前倾。

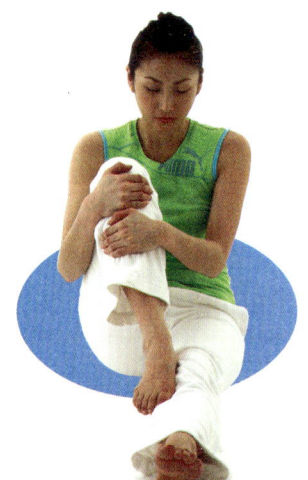

Step 1

消除浮肿
－1厘米

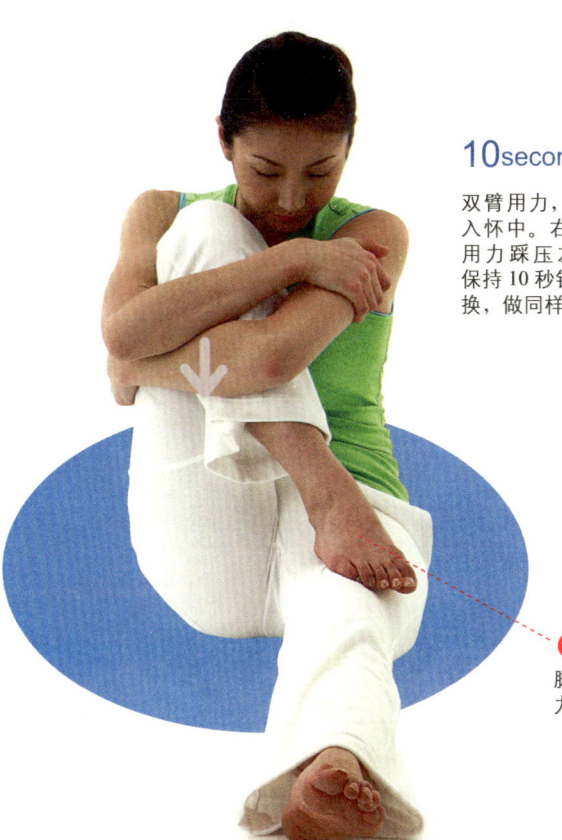

10seconds

双臂用力,将膝盖抱入怀中。右脚的脚跟用力踩压左腿根部,保持10秒钟。双腿交换,做同样的动作。

Point!
脚跟要用力踩住!

促进血液循环
晚饭后的伸展运动

晚饭后让我们慢慢地放松,让疲惫的身体得到休息。双腿内侧的肌肉过度僵硬的话,就会妨碍血液循环,使得腿部浮肿难以消除,久而久之就会变成慢性浮肿。本节的伸展运动,在调整骨盆平衡的同时,放松下半身肌肉,还有助于促进血液循环。请大家牢记"当天的浮肿一定要在当天消除掉!"

数到10

1 脚尖踩在电话簿上

2 上半身慢慢向下弯

3 上半身继续向下弯曲

Point! 膝盖伸直,不可弯曲。

Point! 看着自己的指尖

Point! 脚掌1/3踩在电话簿上。

改善全身骨骼歪斜
睡前的肢体训练

调整全身骨骼平衡,是塑造良好体型的基础。为了让身体在明天起床时有一个最佳的状态,睡前我们必须矫正当天的骨骼歪斜。从背部肌肉开始,伸展全身肌肉,放低头部以促进血液循环。本节的肢体训练还具有改善肩膀僵硬、头痛等症状的功效。

1 仰卧,双腿伸直。脚尖和脚跟并拢。

2 脚面立起,脚面与小腿呈90度直角。双臂略微张开,掌心朝上。

3 后背离开地面,下巴抬高,用头顶抵往地面。

Step 1

消除浮肿
－1厘米

5 将腿"咚"地一声放下，同时全身放松。

4 双腿抬起，用头、手臂、臀部三点支撑身体，保持3秒。

Point!
脚面和小腿始终保持90度。

Point!
腹肌用力

STOP
3秒

Point!
下巴朝上抬高

关于臀部的二三事①

拉丁民族衡量
美女的标准之一就是臀部!

美女的衡量标准世界各国千差万别。在意大利、西班牙、巴西、墨西哥等拉丁国家,"大臀部"的女性更加受欢迎。在这些国家,"大臀部"以及"厚嘴唇"是衡量美女的重要标准。对东方人而言,这些标准"有点太大了?"可那就是拉丁系美女的象征。以男性杂志的封面为例,日本的封面模特多会摆出一些强调"胸部"的姿势,而拉丁国家的封面模特则大多强调腰和臀的美感。这就是审美观的差异吧。健康又丰腴的女性,是热情的拉丁男性们心目中的性感女神。

Step 2

放松僵硬肌肉
±0厘米

××××××××

僵硬的肌肉,

将导致淋巴液循环不畅,

还是形成脂肪团的原因。

让我们一起来放松僵硬肌肉,

让肌肉变得柔软而富有弹性吧。

Step 2 放松僵硬肌肉
±0厘米

不同臀部类型的训练计划

早 晨

**用伸展运动
唤醒沉睡的肌肉**

早晨起床做的伸展运动，可以充分舒展肌肉和关节。放松睡眠中造成的局部肌肉僵硬，用充满活力的身体面对崭新的一天。

扁平臀……2次
下垂臀……5次
突　臀……5次

午 休

**通过肢体训练
活动骨盆周边肌肉**

长时间保持一个姿势，不仅肌肉的活动能力变弱，而且淋巴液的循环也会受阻，从而造成代谢废物的淤积。利用午休时间轻松地活动一下身体，促进淋巴液的循环！

扁平臀……3次
下垂臀……5次
突　臀……3次

沐浴时间

**通过姿势训练
舒展下半身肌肉**

伸展下半身肌肉，可以加速股关节和膝关节内侧淋巴液的流动。还能提高人体对血液中氧和营养成分的吸收率，促进新陈代谢。

扁平臀……5次
下垂臀……5次
突　臀……3次

睡 前

**通过肢体训练
调整肌肉平衡**

调整臀部肌肉平衡，既能防止脂肪淤积，也能塑造左右对称的臀部。睡前适度训练，可以改善我们的肌肉状况。

扁平臀……2次
下垂臀……5次
突　臀……3次

唤醒沉睡的肌肉
早晨的伸展运动

早晨醒来后,身体某些部位的肌肉是僵硬的,韧带和关节也不那么灵活。起床后做一些伸展运动,可以将沉睡的肌肉唤醒,把身体切换到活动模式。伸展上半身既能消除睡眠过程中造成的肌肉僵硬,还能促进从骨盆到腿部的血液循环。让我们用一个充满活力的身体去面对崭新的一天吧!

STOP 5秒

Point! 双臂贴在耳朵两侧。

Point! 注意身体不要前倾

数到5

1
双手手指交叉,用力向上伸直。

2
数5下的同时将上半身向左侧倾斜。

3
上半身倾斜到极限位置,保持这个姿势5秒。

Step 2

放松僵硬肌肉
±0厘米

数到5

STOP 5秒

Point!
臀部肌肉用力！

4
双手手指交叉，用力向上伸直。

5
同样，数5下的同时上半身向右侧倾倒。

6
上半身倾斜到极限位置，保持这个姿势5秒。

唤醒沉睡的肌肉
早晨的伸展运动

数到5

7
双手手指交叉，用力向上伸直。

8
数5下的同时上半身向前倾倒。

STOP
5秒

Point!
下腹用力向上收腹

9
上半身弯曲到与地面平行时，保持5秒。

Step 2

放松僵硬肌肉
±0厘米

数到5

STOP 5秒

10
慢慢恢复初始位置

11
数5下的同时上半身向后仰。

12
上半身向后仰到极限位置后保持5秒。

13
慢慢恢复到初始位置。

活动骨盆周边的肌肉
午休时的肢体训练

很多人在学校和职场中，要么久坐、要么久站，一天中长时间保持同一个姿势。而这样的话，会减少骨盆周边的肌肉活动量，使淋巴液循环不畅，导致体内废物与多余水分和脂肪等结合在一起，形成脂肪团。因此我们要利用空余时间，做些简单的肢体训练，活动骨盆周边的肌肉。

Point!
眼睛看着抬起脚尖

1 挺直站立，伸展背部肌肉，目视正前方。左手轻扶在椅背。

2 抬起右侧大腿，让大腿和上半身呈直角，小腿和大腿也呈直角。

3 保持膝盖的弯曲状态，将右腿向后伸出，视线看向脚尖。

Step 2

放松僵硬肌肉
±0厘米

4 回到1的初始位置。下腹用力，臀部不要突出。

5 与2相同，这次抬起左腿。注意保持大腿的高度。

6 保持膝盖的弯曲状态，将左腿向后伸。膝盖保持在较高的位置。

Point! 膝盖保持在较高位置

伸展下半身的肌肉
沐浴时的15秒健康姿势

每天晚上的沐浴时间，是消除一天的疲劳，放松身心的最佳时机。洗澡的时候，不要忘记让肌肉也一起放松哟！伸展腿部的肌肉，可以促进股关节和膝盖周围淋巴液的循环，加速代谢废物的排出，防止脂肪淤积。还能提高人体对血液中氧和营养成分的吸收率，促进新陈代谢。

坐在浴凳上，双腿并拢向前伸直。拿一条毛巾。

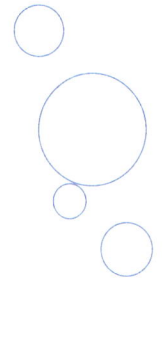

将毛巾套在右脚的脚尖附近，双手各持毛巾的一端，牢牢抓住。

Step 2

放松僵硬肌肉
±0厘米

15seconds

调整双手抓毛巾的位置，让背部肌肉和右腿都充分伸直，保持这个姿势15秒。应该要感觉到右腿内侧的肌肉有拉伸感。然后换另外一条腿做同样的训练。

调整肌肉的平衡
睡前的肢体训练

左右不平衡的臀部实在难看！本节的训练让我们重点调节臀部肌肉的平衡，塑造左右对称的美臀，还能锻炼背部肌肉，防止脂肪淤积在臀部。大多数女性都会在睡前护理自己的脸和皮肤，其实照顾自己的肌肉也同样重要哦！

1 俯卧，身体放松。伸直四肢。

2 慢慢抬起右臂和左腿。目视前下方。

数到5

3 数5下的同时，将手臂和腿抬到极限位置。背部和臀部下方感到痛疼最好。

Step 2

放松僵硬肌肉
±0厘米

6
数 5 下的同时手臂和腿抬到极限位置。坚持到手臂和腿的肌肉颤抖最好。

5
换成左臂和右腿。抬起的整条手臂和腿都要用力。

数到5

4
数 5 下的同时恢复到初始姿势。放松身体,慢慢调整呼吸。

关于臀部的二三事②

梦露式走法的秘密

玛丽莲·梦露,这个名字不仅留在了好莱坞,也留在了世界历史中。左右臀部交替扭动的招牌式走路方式,也成了梦露的代名词。你知道吗?关于"梦露式走法"还有一个传说。"梦露右脚的鞋跟要比左脚的鞋跟低几毫米。"让左右鞋跟高度不同,走路时就能够制造出扭腰、摆臀的效果。梦露就是通过这种方法把自己的"大臀部"缺点变成了一个具有致命吸引力的性感武器。当然关于鞋跟高度一事只是传说,事实对我们来说永远是个谜。但是,想方设法弥补自己的缺点,让自己变得更美的出发点,确实值得每位女性学习。

Step 3

紧实臀部肌肉－1厘米

××××××××

在调整骨盆平衡的同时,
让松垮的骨盆收紧。
骨盆收紧的话,
不仅可以使臀部变小,
还能改善身体的各种不适症状。

Step 3 紧实臀部肌肉 −1厘米

不同臀部类型的训练计划

早晨

通过伸展运动，放松与骨盆连接的关节

下半身肥胖的原因之一，就是股关节周围的肌肉运动量不足。通过伸展运动，拉伸肌肉和韧带，可以让股关节得到放松，变得灵活。

- 扁平臀……5次
- 下垂臀……3次
- 突　臀……3次

午休

通过姿势训练，让骨盆恢复到最佳状态

经过一整天，我们的骨盆会逐渐打开，变松垮。利用午休时间进行姿势训练，就能让骨盆在下午也保持闭合的绝佳状态。

- 扁平臀……3次
- 下垂臀……5次
- 突　臀……5次

晚饭前

"臀部行走"训练，强化骨盆及骨盆周边肌肉

如果骨盆及其周边肌肉得到锻炼、强化的话，即使臀部发生轻微的扭曲、歪斜，也能够轻松地调整过来。"臀部行走"训练，给你的美臀打下一个坚实的基础。

- 扁平臀……2次
- 下垂臀……5次
- 突　臀……3次

晚饭后

通过肢体训练收紧骨盆

晚上是骨盆最松垮的时间段。通过肢体训练，在与股关节一起运动的同时，让打开的骨盆收起来。身体疲劳也能得到一定程度的缓解。

- 扁平臀……5次
- 下垂臀……2次
- 突　臀……3次

睡前

通过姿势训练收紧骨盆

普通的运动不容易锻炼到臀部以及大腿内侧的肌肉，并收合骨盆。本节的姿势训练可以达到上述两个目的。通过姿势训练，在保持骨盆的正常形状的同时，还能打造易瘦体质。

- 扁平臀……4次
- 下垂臀……2次
- 突　臀……2次

放松与骨盆连接的关节
早晨的伸展运动

想要获得紧实的臀部，首先要让骨盆收紧。早晨起床后通过伸展运动，放松与骨盆连接的关节，对骨盆施加刺激，可以让骨盆从松垮的状态收紧闭合。另外，股关节周围的肌肉运动量不足的话，下半身就容易淤积脂肪。因此我们在做这组伸展运动的时候，要有意识地锻炼股关节周围的肌肉。

1 仰卧，全身放松。

2 右膝微微立起。

3 右膝慢慢倒向外侧。

Point! 脸朝膝盖倒下的反方向转

Point! 左手将右膝按在地板上

4 右膝向左侧倾倒，脸扭向右侧。

Step 3

紧实臀部肌肉
−1厘米

8 回到初始姿势，放松身体。

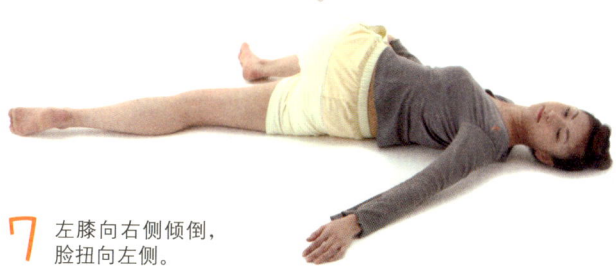

7 左膝向右侧倾倒，脸扭向左侧。

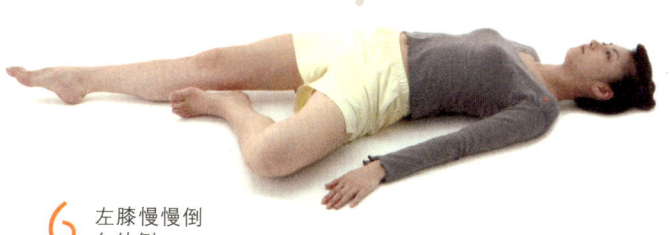

6 左膝慢慢倒向外侧。

5 右腿复原，立起左膝。

让骨盆的状态复原
午休时的10秒健康姿势

骨盆的状态也有一个周期，一天之中，有时候收紧，有时候张开。一般来说，早晨是骨盆收紧的时候，中午过后到晚上，则会慢慢张开。如果在午休时间进行训练，让骨盆恢复到闭合的状态，那么一天的后半段，我们的臀部依然会很紧实。坐在椅子上就可以练习，大家一定要尝试一下哟！

坐在椅子上，双腿并拢，伸展背部肌肉。

双手交叉，按住相反一侧的膝盖。

用手臂的力量推开膝盖。

Step 3

紧实臀部肌肉
−1厘米

10 seconds

手臂用力向外侧推膝盖,而腿则用力抵抗手臂的力量。在抵抗手臂力量的过程中,主要使用臀部下侧肌肉。保持这个姿势10秒。

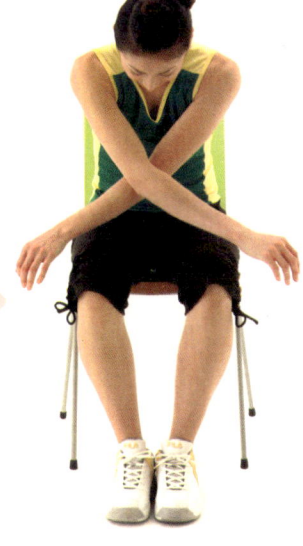

放松手臂和双腿。

强化骨盆及其周边的肌肉
晚饭前的"臀部行走"训练

为防止骨盆歪斜，锻炼、强化骨盆周边的肌肉非常重要。把骨骼和肌肉的基础打牢之后，即使发生扭曲或歪斜，也能很快矫正调整。所谓"臀部行走"，就是坐在地板上用臀部向前挪动的训练。这项训练可以有效锻炼骨盆及其周边肌肉。训练需要坐在地板上，但即使坐着也要尽量把背部伸直，上半身保持直立阔步行走时的姿态。

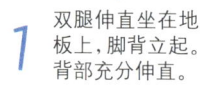 双腿伸直坐在地板上，脚背立起。背部充分伸直。

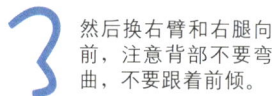 大幅度挥动左臂同时左腿向前，用臂部前进。

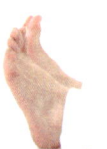 然后换右臂和右腿向前，注意背部不要弯曲，不要跟着前倾。

Front　<<<

Step 3

紧实臀部肌肉
−1厘米

6 换右臂、右腿向后。大幅摆臂，后退5步。

Back　＞＞＞

5 左臂和左腿大幅度向后拉，用臀部后退。

Back　＞＞＞

4 换左臂、左腿向前。至少快速前进5步。

Front　＜＜＜

收紧骨盆①
晚饭后的肢体训练

晚上是一天中骨盆松垮最为严重的时候，所以晚饭后，我们一边通过训练消除疲劳和身体的扭曲，一边让骨盆再度收紧闭合。在本节的训练中，要让骨盆与股关节一起运动，纠正骨盆的歪斜，并使其收紧。对于股关节比较僵硬的朋友来说，这可能是一项难度较大的训练，不要勉强自己，循序渐进，慢慢超越自己的极限。

1 仰卧，全身放松。双腿并拢、伸直。

2 双膝立起，目视正上方，深呼吸。

Step 3

紧实臀部肌肉
−1厘米

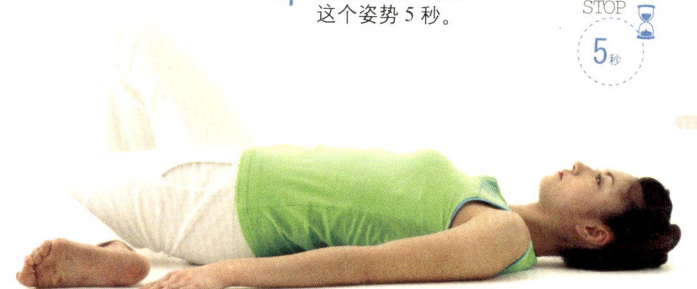

4 左膝最大限度地倒向内侧，保持这个姿势5秒。

STOP 5秒

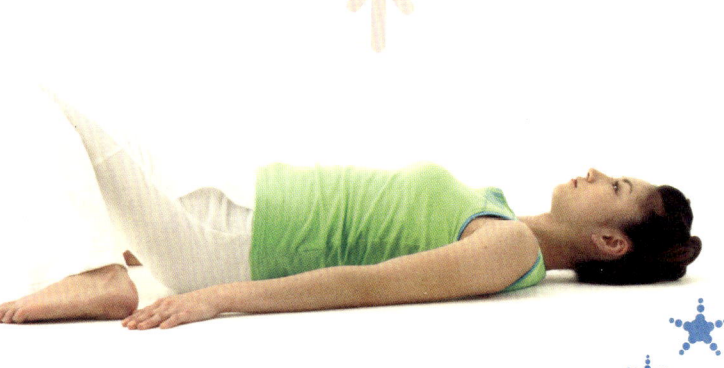

3 双膝贴在一起，小腿分开。脚跟接近臀部。

收紧骨盆①
晚饭后的肢体训练

5 换右膝向内侧倒。感觉到从大腿根到骨盆在移动。

STOP 5秒

6 慢慢回到步骤3,深呼吸、放松身体。

Step 3

紧实臀部肌肉
−1厘米

8 慢慢地回到3的姿势，深呼吸、放松。

STOP 5秒

7 双膝并拢，双腿同时往地板上压至极限位置，保持5秒。

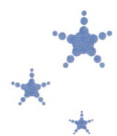

收紧骨盆②
睡前的5秒健康姿势

要想收紧骨盆，锻炼臀部肌肉至关重要。但是普通运动很难锻炼到这些肌肉。臀部肌肉锻炼发达后，骨盆也能变得坚实牢固且稳定。这一小节中的睡前姿势训练，在锻炼臀部肌肉的同时，也对大腿内侧肌肉形成刺激，从而让骨盆彻底收紧。

俯卧，全身放松。

弯曲双膝，双手抓住脚背。

Step 3

紧实臀部肌肉
—1厘米

双手放开双脚,
全身放松。

5 seconds

双手用力抓住脚背,
弓起身子。注意双膝
不要分离。伸展到极
限,保持5秒。

关于臀部的二三事 ③

紧身衣会损害臀部?

为了塑造曼妙的腰身曲线，有一种比锻炼简单且速效的产品，那就是紧身衣，这种产品非常受女性欢迎。但是紧身衣可是暗藏危险！要知道，腰臀部的皮下脂肪非常柔软，如果强行束紧腰身，将严重破坏皮下脂肪。另外紧身衣会直接造成代谢率下降，给身体带来诸多不良影响。如果要靠紧身衣塑造曲线，就说明平时姿势不良，而且缺乏运动。只是为了追求美而穿着紧身衣，一次两次还可以，如果长期穿着，那么腰臀部的肌肉就会越来越衰弱。说不定还会带来意想不到的症状。俗话说"罗马不是一天建成的"，同样，我们塑造性感迷人的体型，也不是一天就能实现的，需要长期坚持不懈的扎实努力，才能拥有健康、美丽的身体。

Step 4

提臀
－2厘米

××××××××

清除多余脂肪,
锻炼臀部肌肉,
塑造上翘的性感臀型。
这是拥有"人见人爱"美臀的
关键一步!

Step 4 提臀 －2厘米

不同臀部类型的训练计划

早晨

起床做体操，刺激臀部周围的肌肉

通过较大的动作对臀部周围的肌肉施加强烈刺激，让肌肉充满弹性。早操可以让人从睡眠状态慢慢切换到活动状态，因此低血压的人通过做早操能够比较轻松地清醒过来。

扁平臀……3次
下垂臀……3次
突　臀……3次

上下班

通过姿势训练，收紧臀部肌肉

上下班途中时间，如果不加利用就白白地浪费掉了，其实这正是锻炼臀部肌肉的大好机会。有效利用这段时间，锻炼出紧实翘臀。

不管你的臀部属于哪种类型，在乘坐地铁或等待绿灯的时候，都可以进行姿势训练。

晚饭前

通过肢体训练，锻炼臀部肌肉

臀部肌肉衰退的话，就无法支撑脂肪组织，臀部就松垮垮地下垂。本节的训练同时锻炼了臀部和背部肌肉，不给多余脂肪滋生的机会。

扁平臀……2次
下垂臀……5次
突　臀……3次

晚饭后

通过步行训练，让臀部肌肉翘起来

锻炼臀部下侧的肌肉，可以让整个臀部上翘。臀部上翘后，腿就会显得比较长，也就有自信穿超短裙、短裤了。

扁平臀……5次
下垂臀……3次
突　臀……2次

睡前

通过肢体训练，强化下半身肌肉

本节训练重点强化从腰部到臀部再到大腿的肌肉。可能有点辛苦，但为了凹凸有致的身材，请大家再坚持一下！

扁平臀……3次
下垂臀……2次
突　臀……5次

刺激臀部周边的肌肉
早操训练

早操之所以重要，是因为它可以唤醒我们依然沉睡的肌肉，给身体注入活力。大幅度但缓慢地活动身体，刺激臀部周边肌肉，可以锻炼肌肉的弹性。本节的早操是从仰卧开始，逐渐地唤醒身体，因此即使是血压较低的人，也可以通过这组早操让自己清醒过来。

1 仰卧，双腿伸直。

Point! 脚背和小腿呈直角。

2 双腿保持并拢、伸直的状态抬起，与地面垂直时停止，保持10秒。

Step 4

提臀 －2厘米

4 回到2的姿势。深呼吸，只放松上半身。

5 双腿慢慢放下，仰卧，脸朝正上方。

3 双腿慢慢地分开，分开幅度越大越好。

刺激臀部周边的肌肉
早操训练

6 由仰卧变侧卧，头枕左臂。注意身体不要前倾。

7 右腿伸直，脚尖绷直，慢慢将右腿举起。

8 放下右腿，变俯卧。手臂垫在下巴下面。

9 慢慢抬起右腿，感觉臀部肌肉颤抖为止。

Step 4

提臀 －2厘米

13 左腿伸直，脚尖绷直，慢慢抬起左腿。

12 从俯卧变侧卧，方向与6相反。头枕右臂。双腿并拢伸直。

11 放下左腿，回到8的姿势。调整呼吸，放松全身。

10 放下右腿，换左腿做同样的动作。注意力要集中在整条左腿，包括脚尖。

刺激臀部周边的肌肉
早操训练

14 放下左腿，变仰卧。休息一会儿，调整呼吸。

15 弯曲双膝，将腿蜷于胸前。双手抱住小腿。

16 借助腿的力量，带动上半身坐起来。

17 伸展背部肌肉，双手抱膝坐起。慢慢地深呼吸。

收紧臀部肌肉
上下班时的 30秒健康姿势

Step 4
提臀 −2厘米

等地铁的时候、站在地铁站台上的时候、十字路口等绿灯的时候……不注意的话这些时间就都白白流失了，其实这些零散的时间都是锻炼臀部肌肉的大好时机。本节的姿势训练可以让整个臀部收紧，尤其是臀部上侧的肌肉。只要有强烈的爱美意识，随时随地进行锻炼，你的臀部就会越变越漂亮。

30 seconds

站立时将臀部收紧，感觉左右两侧臀部向中间靠拢。臀部不要向后突出。收紧状态保持30秒。

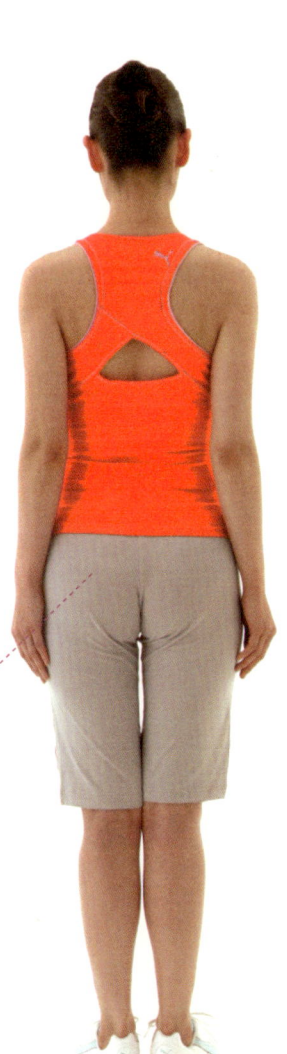

Point!
将力量集中在臀部上侧。

双腿并拢站立，伸展背部肌肉。

锻炼臀部肌肉
晚饭后的肢体训练

臀部是人体中最容易淤积脂肪的部位之一。臀部肌肉衰退，脂肪就会堆积。结果肌肉无法支撑过多脂肪，便会导致臀部松弛、下垂。本节的训练主要针对臀部肌肉以及和它们相连的背部肌肉，把这部分肌肉锻炼好了，脂肪就不易淤积。

1 仰卧，双腿伸直。下巴微收，目视正上方。

2 双膝立起并拢。放松，调整呼吸节奏。

Step 4

提臀 −2厘米

3 双膝、双脚并拢，保持这个状态，慢慢地把腰抬起。

4 进一步把腰抬高。双膝始终并拢。

5 把腰抬高到极限位置，腰部到臀部的肌肉感觉到颤抖最好。

6 将腰一下子放下来，调整呼吸，放松全身。

让臀部肌肉紧实上翘
晚饭后的步行训练

臀部下垂，臀部和大腿之间的界线就会变得模糊，就是因为臀部下侧肌肉衰退了。将这部分肌肉锻炼紧实，整个臀部就会向上提，并上翘，臀部和大腿之间的界线也会变得清晰。臀部上翘也能让腿显得更修长。本节的步行训练，边扭转身体边前进，要有意识地大踏步。

侧面图

1 站立，伸展背部肌肉。目视正前方。

2 前进过程中，膝盖弯曲，小腿向后折起，用相反一侧的手触摸折起这条腿的后脚跟。

Step 4

提臀 －2厘米

3 从腰部开始扭转上半身，眼睛注视折起这条腿的脚底。

4

5

重复2和3，前进10步为1组。

让臀部肌肉紧实上翘
晚饭后的步行训练

正面图

慢一点没关系，重要的是一步一步扎扎实实地用力走。

强化下半身肌肉
睡前的肢体训练

Step 4

提臀 －2厘米

　　腰部与臀部相连，腰部肌肉松弛的话，臀部也会变得松弛、下垂。本节肢体训练的重点在下半身，特别是腰部和臀部的训练，目的是帮大家塑造腰臀部的性感曲线。训练也许比较辛苦，但想象一下即将拥有的细腰翘臀，相信大家一定动力十足！

1 仰卧，双腿并拢。

2 将右腿慢慢抬起，最好抬到与地板垂直的位置，这个姿势保持5秒。

STOP 5秒

3 放下右腿，以同样的方式抬起左腿。脚背和小腿呈直角。

STOP 5秒

强化下半身肌肉
睡前的肢体训练

4

将腰部尽量抬高。双腿做蹬自行车的动作,幅度要大。

Step 4

提臀 −2厘米

6
双腿并拢慢慢向左侧倾倒，在极限位置停下来，并保持5秒。

STOP 5秒

5
双腿并拢，抬起到与地板垂直的位置。脚背和小腿呈直角。

强化下半身肌肉
睡前的肢体训练

7 慢慢地将双腿还原,停顿一会儿。调整呼吸。

8 双腿向右侧倾倒。腹部用力。脸扭向左侧。

STOP 5秒

9 慢慢地将双腿还原,休息一会儿。调整呼吸,放松身体。

Step 4

提臀 －2厘米

13

回到仰卧的姿势。
放松，平稳地呼吸。

12

双脚落在地板上。
保持膝盖弯曲，
慢慢地深呼吸。

11

将小腿慢慢放下。
在这个过程中，
大腿不要放松。

10

弯曲膝盖，放下
小腿。让小腿和
大腿呈直角。此
时大腿和上半身
也呈直角。

关于臀部的二三事 ④

女性的什么最性感？

胸部、匀称的身体、臀部、双腿、笑容、眼神、脸、幽默感、理性、财产、头发颜色、身高、年龄、态度、动作举止等。

根据41个国家超过35万人的回答，调查者统计出了一系列有趣的结果。结果显示，"女性最性感"第一名是臀部！接下来的5名分别是胸部、匀称的身体、眼神、态度、动作举止。从地域性来看，在亚洲选"胸部"的比例较高；北欧则是"眼神"和"态度、动作举止"；东南欧人认为女性的臀部最性感……

由此可见，不同地区的人对性感的理解不尽相同，但不管怎样，"臀部"毫无疑问是女性身体上公认最性感的部位！

Step 5

为下半身塑形 －1厘米

××××××××

臀部,说到底也只是身体的一个部分,
只有将整体体形塑造好,
才能显现臀部的魅力,
才算拥有"人见人爱"的紧实翘臀。
因此我们还要为与臀部相连的下半身塑形
为整个身体塑形。

Step 5 为下半身塑形 −1厘米

不同臀部类型的训练计划

早晨

通过步行训练，
提高脂肪的燃烧效率

在日常生活中，股关节很少用到，通过本节的步行训练，可以充分活动股关节，促进淋巴液的循环。还能促进新陈代谢，尽快燃烧体内脂肪。

扁平臀……2次
下垂臀……3次
突　臀……5次

午休

通过姿势训练，
燃烧腹部周围的脂肪

腹部周围非常容易淤积脂肪，而淤积在这里的脂肪又很难消除。午饭后通过姿势训练，防止脂肪淤积在腹部，还可以将已经淤积的脂肪燃烧掉。

扁平臀……2次
下垂臀……2次
突　臀……2次

晚饭前

通过肢体训练，
塑造腰部曲线

如果腰部侧面淤积脂肪，就会变成胖胖的婴儿体型。通过带有扭转动作的肢体训练，可以塑造完美的腰部曲线。

扁平臀……3次
下垂臀……5次
突　臀……3次

晚饭前

通过步行训练，
改善淋巴液的循环

大幅度运动臀部和整条腿，能够改善和促进淋巴液以及血液的循环。让双腿不容易浮肿。

扁平臀……3次
下垂臀……5次
突　臀……5次

晚饭后

通过肢体训练，
消除大腿两侧的肥胖

如果大腿侧面的线条比臀部还宽，整个下半身看起来就会很胖。通过本节的肢体训练可以消除大腿侧面的肥胖，塑造平顺性感的腿部曲线。

扁平臀……8次
下垂臀……6次
突　臀……10次

睡前

通过肢体训练，让臀部和
大腿之间的界线清晰起来

东亚的女性，大多臀部扁平而且较宽。通过锻炼大腿上部的肌肉，让臀部与大腿之间的界线变清晰，可以塑造出浑圆的臀部。

扁平臀……5次
下垂臀……3次
突　臀……3次

提高脂肪的燃烧效率
早晨的步行训练

　　股关节，在我们的日常生活中活动量较少。而股关节运动量不足，臀部周围就会有代谢废物堆积，造成臀部浮肿和下半身肥胖。早晨进行适当的步行训练，活动股关节，让身体从沉睡状态清醒过来，为一天的活动作好准备。在左右大幅度扭转身体、摆臂的同时向前走，还可以加速全身血液循环，促进新陈代谢。

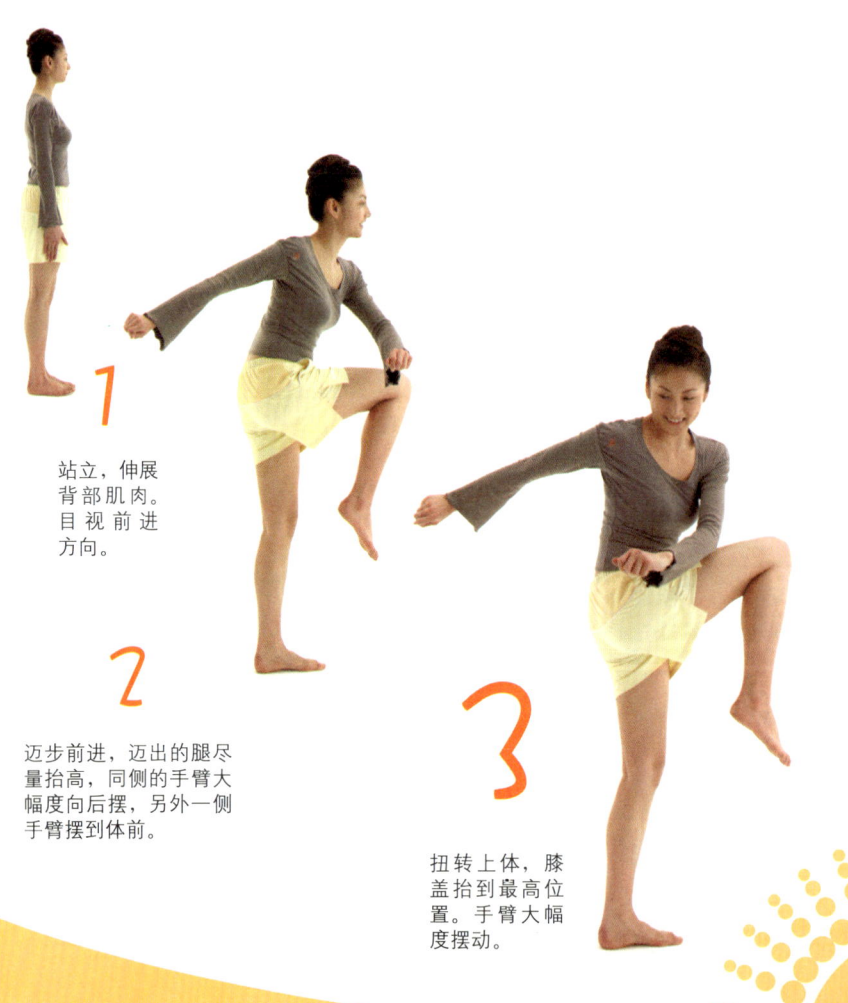

1 站立，伸展背部肌肉。目视前进方向。

2 迈步前进，迈出的腿尽量抬高，同侧的手臂大幅度向后摆，另外一侧手臂摆到体前。

3 扭转上体，膝盖抬到最高位置。手臂大幅度摆动。

为下半身塑形
－1厘米

5

手臂摆到极限位置，膝盖尽量提高，最好让膝盖接近胸部。

4

Point!
抬高到极限位置。

向另外一侧扭转上体，大幅度摆臂，抬高另一条腿。

提高脂肪的燃烧效率

早晨的步行训练

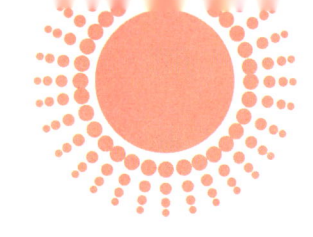

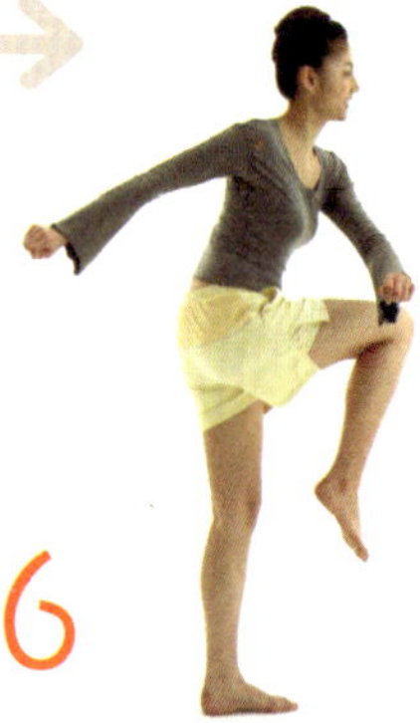

6

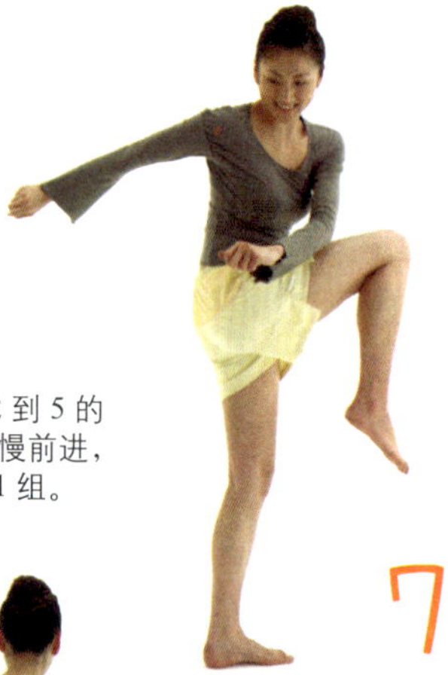

7

重复从 2 到 5 的运动。慢慢前进，10 步为 1 组。

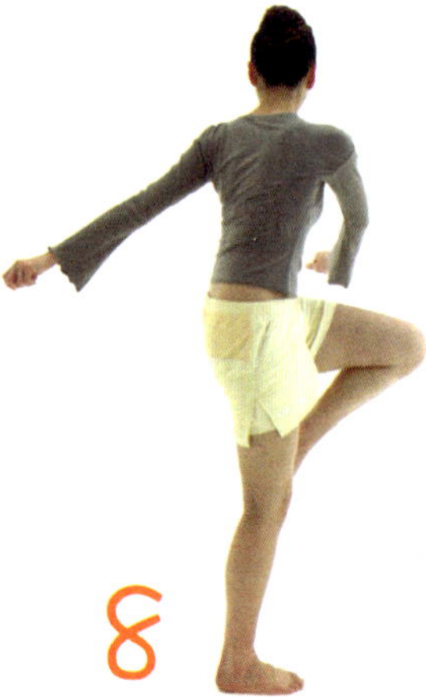

8

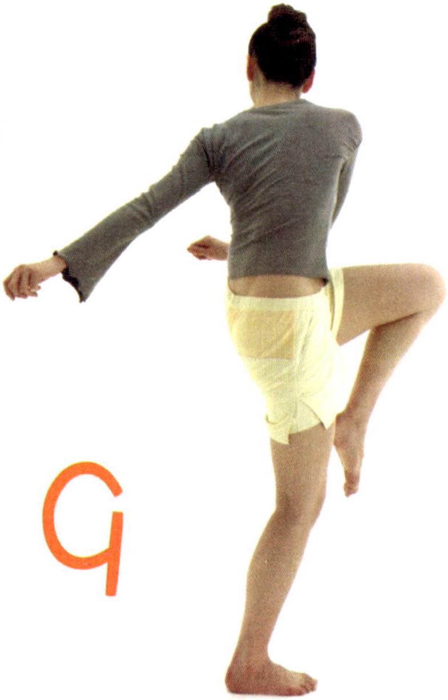

9

按照自己的速度，有节奏地前进！

Step 5

为下半身塑形
－1厘米

燃烧腹部周围的脂肪
午休时的5秒健康姿势

腹部周围非常容易淤积脂肪，淤积在这里的脂肪又很难消除。腹部淤积脂肪，身体就容易发生歪斜，臀部容易向后突出。我们利用午饭后的时间，通过姿势训练，可以防止脂肪淤积在腹部，并将已经淤积的脂肪燃烧掉。本节的姿势训练可能有点难度，但对于塑造优美的腰部和臀部曲线非常有效。

5 seconds

双腿并拢坐在椅子上。双手撑在椅子上，用手臂的力量将身体撑起，臀部离开椅子，腹部也要同时用力。保持这个姿势5秒。

塑造优美的腰部曲线
晚饭前的肢体训练

如果腰部侧面淤积脂肪,就会变成胖胖的婴儿体型,腰部完全失去了曲线美。通过带有扭转动作的肢体训练,锻炼腰部肌肉,促进腰部脂肪的燃烧,能够塑造出完美的腰部曲线。请大家边训练边想象着从腰到臀的柔美曲线。

1 仰卧,双腿并拢,膝盖弯曲立起。微收下巴,目视正上方。

2 双膝贴在一起向左侧倾倒,左膝触到地板。

3 保持2的姿势抬起双腿,让膝盖离开地板。保持这个姿势5秒。

STOP 5秒

Point! 注意右肩始终不要离开地板。

Step 5

为下半身塑形
－1厘米

4

慢慢回到1的姿势，休息一会儿。深吸一口气，将呼吸调整均匀。

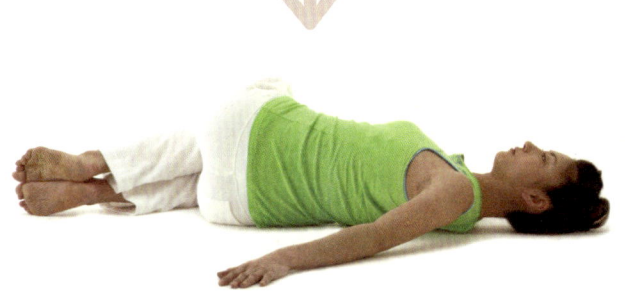

5

这次向右侧倾倒，让右膝触到地板。双膝始终贴在一起。

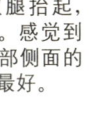

6

同样将双腿抬起，保持5秒。感觉到下腹和腰部侧面的肌肉疲劳最好。

改善淋巴代谢
晚饭前的步行训练

傍晚，腿容易浮肿，腿部的代谢废物和淋巴液向上半身运送就有了困难。如果置之不理，那些废物就会堵塞腿部的淋巴管，并变成脂肪团。通过本节的步行训练，大幅度地活动臀部和双腿，能够改善淋巴代谢，让下半身远离浮肿的困扰。

1. 站立，伸展背部肌肉。目视正前方。
2. 肘关节弯曲，小臂抬起。双肩向后张开，挺胸。
3. 大步向前迈出。未迈出腿伸直，韧带有拉伸感。

Step 5

为下半身塑形
－1厘米

Point!
膝盖伸直，有意识地拉伸韧带。

4 换另外一条腿大步前进。身体不要前倾。

5 重复3和4的运动，前进10步为1组。慢慢地大步前进。

消除大腿赘肉
晚饭后的肢体训练

如果大腿侧面的线条比臀部还宽,整个下半身看起来就会很胖。本节的肢体训练通过用大腿重重地拍打地板,消除大腿赘肉,塑造大腿平顺、柔美的线条。拍打到疼痛效果更佳。消除大腿外侧的脂肪后,从腰部到臀部再到大腿,整体的曲线就会显得连贯、性感。

1
坐在地板上,双手撑于体后,双腿并拢,膝盖立起,大腿和小腿呈直角。

Point!
脸始终朝向正前方。

2
扭转腰部,让双腿"咚"地一下倒向右侧。

Step 5

为下半身塑形 －1厘米

4

像拍打地板一样，用力将腿倒下去。

5

左右各3次为1组。注意保持节奏。

3

这次向左侧倒。双腿始终不能分离。

让臀部和大腿之间的界线变清晰
睡前的肢体训练

由于肌肉生长方式的差异,与欧美女性相比,东亚女性的臀部显得扁平而且横向较宽。也就是说东亚女性的臀部与大腿之间的界线不是那么清晰。要想获得浑圆饱满的臀部,首先要做的是锻炼大腿上部的肌肉,让臀部与大腿之间的界线清晰起来。为了这个目标,大家一起努力吧!

左脚

1. 俯卧,双臂垫着下巴。膝盖弯曲,立起小腿。脚背与小腿呈直角。

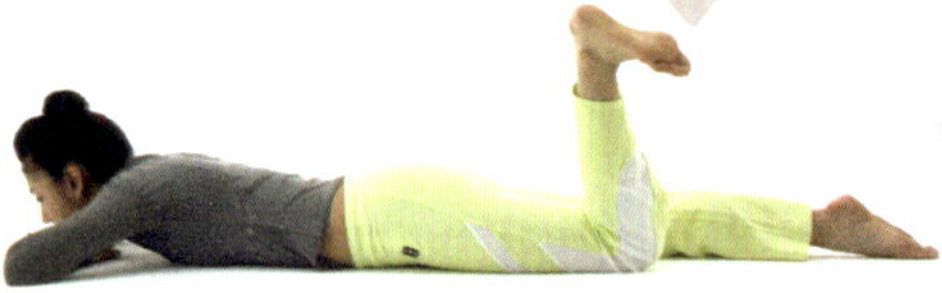

2. 小腿慢慢向外侧倾倒,双膝不要分离。

3. 将小腿向外侧倾倒到极限位置。双膝始终不要分离,脚背与小腿保持直角。

4. 将膝盖抬离地面,并保持这个姿势5秒。换右腿做同样的训练。

STOP 5秒

Step 5

为下半身塑形
−1厘米

右脚

1

2

3

STOP 5秒

4

关于臀部的二三事⑤

过生日"打屁股"

一提到"打屁股",我们首先联想到的是"惩罚"。但是,在欧美有一个有趣的习俗,就是过生日"打屁股"。当为某人举行生日派对时,亲朋好友会怀着"得到大家的祝福,不要得意忘形哟,要给你留下一点痛苦记忆"的心情,拍打"寿星"的屁股。过几岁生日就打几下,当然,只对孩子(10岁左右)这样做。这体现了欧美国家一种特殊的亲情表达方式。不过大家也不用担心,并不是真的用力打,只是轻轻地拍打屁股,表示一下而已。

Step 6

维持紧实美臀瘦更多

××××××××

训练到现在,你的臀部肯定已经有了明显变化。从现在开始,我要教大家保持的方法。为了永久拥有"人见人爱"且健康的紧实翘臀,再加一把劲吧!

Step 6 维持紧实美臀瘦更多

不同臀部类型的训练计划

时段	内容	次数
早晨	**通过姿势训练，塑造活力的肌肉** 早晨，不管是肌肉还是关节，都比较僵硬，血液循环也不是很顺畅。通过本节的姿势训练，可以为全身注入活力，将身体切换到活动模式，以迎接新一天的挑战。	扁平臀……2次 下垂臀……3次 突　臀……5次
早晨	**通过肢体训练，强化腿部肌肉** 腿部支撑着全身，如果腿部肌肉衰退，人体的骨骼就会随之失去平衡。本节的肢体训练对于强健腿部肌肉有立竿见影的效果。	扁平臀……2次 下垂臀……2次 突　臀……2次
晚饭前	**通过肢体训练，消除下半身多余的脂肪** 消除脂肪，让脂肪不易淤积，对于健康和美都非常重要。不过，即使身体上已经淤积了多余的脂肪，也不要放弃，只要花一点时间进行肢体训练，就可以和多余的脂肪说再见。	扁平臀……3次 下垂臀……5次 突　臀……3次
晚饭前	**通过步行训练，塑造不容易变胖的体质** 本节介绍的后退步行训练，可以活动我们身体背面的肌肉，把身体锻炼成脂肪不容易附着，不容易变胖的体质。让我们一步一步倒退吧！	扁平臀……3次 下垂臀……5次 突　臀……5次
晚饭后	**通过肢体训练，塑造易瘦体质** 本节的肢体训练重点放在下半身。通过慢慢地运动，增加运动量。既可以促进内脏的活动，也能改善各种不适症状。	扁平臀……8次 下垂臀……6次 突　臀……10次
一天即将结束的时候	**通过身体护理，消除疲劳，放松身体** 通过身体护理，消除疲劳和身体的歪斜，让身心得到最大的放松。	不管臀部属于哪种类型，为了明天的健康和活力，给身体和心理做护理吧！

塑造活力的肌肉
早晨的10秒健康姿势

早晨刚刚醒来,我们的肌肉和关节都很僵硬,血液循环也不是那么顺畅。如果让这种状态持续下去,那么一整天都会感觉昏昏沉沉,时间长了还会招致各种不适症状。因此早晨睁开眼睛后,最好先做10秒健康姿势,把身体切换到活动模式。本节介绍的这组姿势训练,能让你一整天都充满活力。

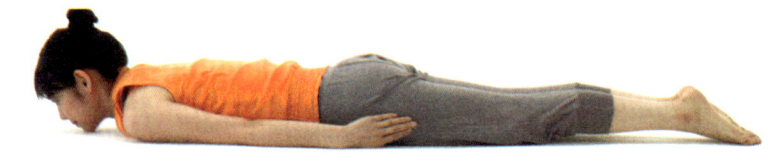

俯卧,放松全身。

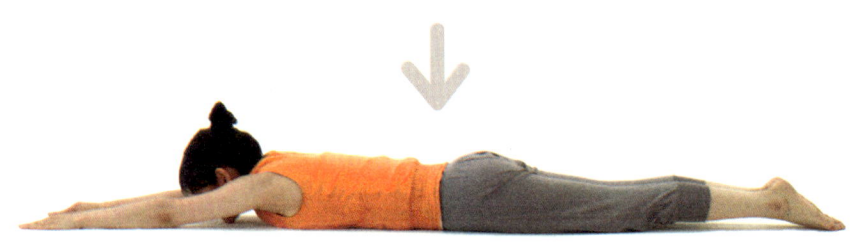

双臂向前伸,双腿并拢伸直。

Step 6
维持紧实美臀瘦更多

10 seconds

双腿和双臂用力向上抬起。下巴扬起,双腿并拢,脚尖也要用力。抬到最高位置时停止,保持 10 秒。

强化双腿肌肉
早晨的肢体训练

　　双腿支撑着身体全部的重量，对身体的平衡起着至关重要的作用。腿部肌肉不够发达，全身骨骼就会发生歪斜，导致不平衡。平时我们要有意识地锻炼腿部肌肉，让全身有一个良好的姿态。乍看上去，你可能认为这组训练很简单，但它对增强腿部力量非常有效，而且是速效。

数到5

❶

❷

❸

1 脚尖踩在电话簿等较厚的书上，伸展背部肌肉，站立。

2 只用脚尖支撑身体，慢慢抬起脚跟。

Point! 膝盖不要弯曲，双腿绷直。

Point! 脚掌的前 1/3 踩在电话簿上。

消除下半身多余的脂肪
午休时的肢体训练

脂肪是"人见人爱"紧实翘臀的大敌。特别是下半身的脂肪，淤积之后很难消除。重要的是不能放弃，要持之以恒地努力，集中精力坚持进行训练。这些训练看起来简单，但只要一项一项地扎实训练，就能把多余的脂肪消除掉。不管多忙，只要每天抽出一点点时间进行训练，就可以和多余脂肪说拜拜。

1 伸展背部肌肉，站直。双肩向后张，挺胸。

2 用左脚支撑身体重心，将右脚的小腿慢慢抬起。

Point! 注意，右膝头始终朝向侧面。

3 继续抬高右侧小腿，意识到股关节的活动，注意右膝不要向前突出。

4 将右侧小腿抬高到极限，抬到左膝以上最好。

Step 6

维持紧实美臀 瘦更多

7 有意识地将股关节打开，抬腿的时候，注意左腿所在平面始终与地面垂直。

8 将左侧小腿抬高到极限位置，右腿用力支撑身体，不要摇晃。

5 慢慢回到1的姿势。伸展背部肌肉，但要保持紧张感。

6 换右脚支撑身体重心，抬起左侧小腿。

塑造易瘦体质①
晚饭前的步行训练

塑造不容易肥胖的体质，是锻炼身体的一个重要目标。我们不要被多余的脂肪所左右，目标是锻炼出强健而富有弹性的肌肉。后退步行训练可以调动全身的肌肉，有助于提高新陈代谢水平，特别是能够强化我们身体背面的肌肉。在确认每一步动作的同时，一步一步踏踏实实地走下去。

侧视图

1 以正确的姿势站立，肘关节弯曲，小臂抬于腰际。挺胸，目视正前方。

Point! 膝盖伸直，腿绷直。

2 整条左腿用力，膝盖伸直向后撤左腿。左臂同时向后撤。

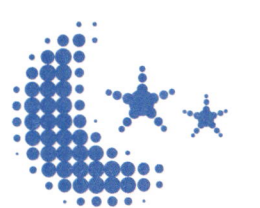

Step 6

维持紧实美臀 瘦更多

4
重复2和3的动作，脚底贴地面，身体微向后弯曲。

5
后退10步为1组。身体始终保持紧张感，流畅地左右移动重心。

3
将身体的重心移向右侧，右臂和右腿同时向后撤。脚贴着地面向后挪动。

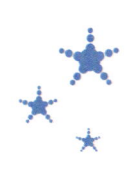

塑造不容易肥胖的体质①
晚饭前的步行训练

后视图

1

2

有意识地从腰开始向后撤下半身。

3

塑造易瘦体质②
晚饭后的肢体训练

Step 6
维持紧实美臀
瘦更多

与上半身相比，下半身更不容易瘦下来。尤其是女性，稍有疏忽，脂肪就会悄无声息地"爬"上我们的双腿。本节的肢体训练，通过下蹲刺激下半身的肌肉，通过转体动作加速脂肪的燃烧。在训练的时候，慢慢地做动作可以提高运动量，还能改善内脏的工作。

1 站立，双脚分开与肩同宽，双手手指交叉抱于脑后。肘关节张开。

2 膝盖弯曲，竖直向下蹲。下半身保持这个状态，将上半身向左扭转。

塑造易瘦体质②
晚饭后的肢体训练

3 下腹用力,将上体扭转到极限。脸能朝向正侧面最好。

Point! 下腹用力。

4 慢慢回到初始姿势,调整呼吸。注意保持肘关节的高度。

Step 6

维持紧实美臀
瘦更多

Point! 注意肘关节不要向前突出。

6 将上体扭转到极限。背部肌肉突出，肘关节不要向前突出。

5 膝盖弯曲，竖直向下蹲。下半身保持这个状态，这次将上半身向右扭转。

消除疲劳、放松身体
一天即将结束时的身体护理

辛苦工作了一天,我们的身体疲惫不堪,多少还会出现一些歪斜、扭曲。身体的疲惫如果不断积累得不到释放的话,就会转变成精神压力,身体的歪斜如果导致慢性骨骼歪斜,体型的平衡就会被打破。所以,不管是疲劳还是歪斜,都必须在当天消除,不让它们过夜,这一点很重要。本节的身体护理帮你放松身心,为明天作好准备。

1 膝盖跪地,伸展背部肌肉。双膝和两个脚跟分别并在一起,脚尖撑地,脚掌立起。保持这个状态坐下去。

Step 6

维持紧实美臀 瘦更多

2

上半身伏地,双臂向前伸直。背部伸展,臀部翘高。

3

双臂将上体撑起,挺胸。将一条腿向后抬高到极限位置。注意从大腿根部抬起,注意力集中到脚尖。

消除疲劳、放松身体
一天即将结束时的身体护理

4 慢慢回到 2 的姿势。背部充分伸展。脚尖撑地,脚掌立起。双膝和两个脚跟分别并在一起。

5 腹部着地,膝盖弯曲,两个脚尖并拢指向上方。用肘部支撑上半身,挺胸。脸朝正前方。

6 下巴尽量向上方扬起,上半身向后仰。小腿尽量向大腿折叠。脚尖与头越接近越好。

Step 6

维持紧实美臀瘦更多

9 双臂向侧面伸展,慢慢深呼吸。想象着把一天的疲劳都呼出去。放松身心。

8 换成仰卧姿势,双臂伸到头上,用力伸展。感觉自己的手和脚被人牵引着。

7 换成俯卧姿势,双腿和双臂伸直。休息一会儿。全身放松,慢慢调整呼吸。

齐藤美惠子の Private Salon

　　对来我美腿教室的每一位女性朋友，我都会说一句话，"请爱惜自己和自己的身体！"这句话的意思并不是说给自己买名牌服装、吃豪华料理，而是认真审视自己，倾听来自身体的真实声音，仅此而已。不过，长期坚持的话，你就可以获得健康、美丽的身体。为了帮你塑造"人见人爱"的美臀，我通过这本书为你介绍了一些对待自己身体的态度和简单的训练方法。

爱惜身体的生活建议

我非常爱惜自己的身体，并把这种爱落实到每一天的生活中。也许我下面列举的每一条你都觉得是理所当然、再简单不过的小事，但请回顾一下你自己每天的生活。你能做到哪几条呢？确实，过健康的生活并不难。我的生活虽然健康，但我觉得还不足够，我怀着"力所能及，尽量做到"的心情过好每一天！

❖ 正确的姿势是一切的基础

每一件事物，都有各自的"基础"。基础打不好的话，我认为是没有可能实现目标的。谈到瘦身美体的时候，其基础就是"正确的姿势"。伸展背部肌肉、挺胸抬头、腹部微收、目视正前方……虽然看起来都是稀松平常、非常简单的事情，但遗憾的是很多人都做不到。我们要有意识地把坐、卧、立、行的正确姿势当做日常生活中的训练，因为这些就是美丽的"基础"。

❖ 建立自己的生活规律

每天有规律地生活，对身体健康和美丽都有很多好处，但对于忙碌的现代人来说，有规律地生活似乎是一件遥不可及的事情。有规律地生活对某些人来说甚至是一种束缚，遵守规律让他们变得神经质，以至于造成心理负担。所以，我认为重要的是根据自己的生活方式，找到一种适合自己的、不会造成精神负担的规律生活。如果以一天为单位建立生活规律比较困难的话，可以以一周或十天为单位建立生活规律。因为，就像不可能一天就瘦下来一样，我们也不是一天胖起来的。建立适合自己的生活规律之后，就容易抽出时间进行训练，并把训练作为一种习惯坚持下去。

❖ 提高睡眠质量

健康也好、美容也罢，睡眠都是非常关键的一个要素。我们不仅要保证足够的睡眠时间，还要尽可能地提高睡眠质量。

为了减少睡眠中内脏器官的负担，在就寝前3小时最好不要进食。

睡前泡澡时，水温控制在40℃上下，不可太热。因为40℃左右的水温可以让我们的副交感神经工作起来，而副交感神经就是负责让身体休息的。与水分代谢相关

的内脏会在凌晨1点以后活跃起来，如果我们能在凌晨1点以后进入深度睡眠就很理想了。

❖ 重视饮食

吃喝，是人类的本能之一。人活着就需要吃喝。不注意饮食的健康，就等于在透支身体。如果你真的想获得健康和美丽的话，那么首先请审视一下自己的饮食生活。每日三餐都有认真吃吗？营养摄取平衡吗？盐分、糖分、酒精是否摄入过度？只要料理好自己的饮食生活，人就不容易出现浮肿，还能获得不容易发胖的体质。让我们一起来享受健康饮食的乐趣吧！让我们由内而外地美起来吧！

❖ 笑对人生

工作、人际关系中，每天都有很多令我们紧张、给我们造成精神压力的因素。如果让这些因素长期主导我们的生活，那么心理的疲惫就会变成一种"慢性疾病"。所以，发展到这个地步之前，请积极地活动身体、享受美食的乐趣、大声地笑出来吧！

笑，也是一种保健美容的好方法。笑，不仅能够提高人体免疫力，调整自律神经的活动，还能给身体组织注入活力。而且，笑不仅能让自己感到愉悦，还能把快乐的气氛传染给身边的人。为了自己身心的健康，也为了周围人的幸福，让我们尽情欢笑吧！

我的秘传臀部按摩法和穴位按摩法

现在商场里有各种各样的家庭按摩用具和穴位按摩商品。其实，不用专门买那些商品，利用家里常见的日用品，也能进行简单的身体按摩和穴位按摩。下面为你介绍我最近常做的四种按摩保健法。效果不错，你一定要尝试一下哟！

1 密封水杯

找一个容量 500ml 左右的密封水杯，向杯子里加入 50℃左右的热水，盖好盖子。双手握住水杯，用力地从下至上挤压臀部。

2 矿泉水瓶

找一瓶没有开封的矿泉水。单手握住瓶颈部位。"咚、咚、咚……"有节奏地敲打臀部。首先全面地敲打整个臀部，然后再重点地敲打一下臀部两侧、后面等部位。

Item 3 高尔夫球

仰卧，膝盖弯曲、立起。把一颗高尔夫球放在臀部下面。通过活动臀部，让高尔夫球在臀部下面转动。让高尔夫球对臀部进行刺激，起到按摩的作用。重点刺激臀部上部、腰椎关节等部位。

Item 4 调味瓶

准备一个小玻璃调味瓶。侧坐在地板上，用调味瓶的盖子部位按压臀部。先从臀部最柔软的部位开始，对整个臀部进行全面按压。最后集中在髂嵴部位，重点进行按压。

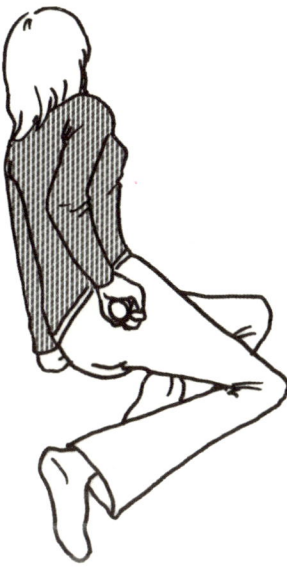

结束语

我曾经在滑雪中受伤、骨折，并因此成了O型腿。但是，也正是那次受伤的经历，给了我一次战胜O型腿的机会。当时，我的心里既有"想变回原来样子"的强烈愿望，也充满"真的能变回去吗"的不安心情。一次一次的失败，一次一次地重新开始，一个人坚持努力的艰辛，成功后无尽的喜悦……这段经历让我能够理解那些怀有同样烦恼的朋友们的心情。通过克服O型腿的经历，让我明白，只要努力，就能克服身体上的问题，就一定能变美！我想把这个"秘密"告诉所有为自己的身体而烦恼的女性朋友！

现在，不管你对自己的身体怀有怎样的烦恼，都一定能够改变的。只要不轻言放弃，只要坚持努力，就一定能成功！这本书从头到尾都在向大家传达这样一种思想。

我通过亲身实践总结出来的这套锻炼方法，希望能够帮助读者朋友们解决身体上的烦恼。祝愿每一位读者朋友都能拥有健康、美丽的身体！

半袖T恤
吸汗裤
（PUMA牌）

紧身背心
短裤
（FILA牌）

拉链吸汗上衣
天鹅绒长裤
（FILA牌）

运动背心
中裤
运动鞋
（PUMA牌）

运动背心
七分裤
（FILA牌）

FASHION ITEMS

长袖T恤
长裤
（FILA牌）

无袖T恤
绒质长裤
（PUMA牌）

运动背心
七分裤
运动鞋
（FILA牌）

长袖T恤
短裤
（FILA牌）

短信查询正版图书及中奖办法

A. 电话查询
　　1. 揭开防伪标签获取密码，用手机或座机拨打4006608315；
　　2. 听到语音提示后，输入标识物上的20位密码；
　　3. 语言提示：您所购买的产品是中资海派商务管理(深圳)有限公司出品的正版图书。
B. 手机短信查询方法(移动收费0.2元/次，联通收费0.3元/次)
　　1. 揭开防伪标签，露出标签下20位密码，输入标识物上的20位密码，确认发送；
　　2. 发送至958879(8)08，得到版权信息。
C. 互联网查询方法
　　1. 揭开防伪标签，露出标签下20位密码；
　　2. 登录www.Nb315.com；
　　3. 进入"查询服务""防伪标查询"；
　　4. 输入20位密码，得到版权信息。

　　中奖者请将20位密码以及中奖人姓名、身份证号码、电话、收件人地址和邮编E-mail至szmiss@126.com，或传真至0755-25970309。

　　一等奖：168.00元人民币(现金)；
　　二等奖：图书一册；
　　三等奖：本公司图书6折优惠邮购资格。
　　再次谢谢您惠顾本公司产品。本活动解释权归本公司所有。

读者服务信箱

感谢的话

谢谢您购买本书！顺便提醒您如何使用ihappy书系：
- ◆ 全书先看一遍，对全书的内容留下概念。
- ◆ 再看第二遍，用寻宝的方式，选择您关心的章节仔细地阅读，将"法宝"谨记于心。
- ◆ 将书中的方法与您现有的工作、生活作比较，再融合您的经验，理出您最适用的方法。
- ◆ 新方法的导入使用要有决心，事先做好计划及准备。
- ◆ 经常查阅本书，并与您的生活、工作相结合，自然有机会成为一个"成功者"。

优惠订购	订阅人		部门		单位名称	
	地址					
	电话				传真	
	电子邮箱			公司网址		邮编
	订购书目					
	付款方式	邮局汇款	中资海派商务管理(深圳)有限公司 中国深圳银湖路中国脑库A栋四楼　　邮编：518029			
		银行电汇或转账	户　名：中资海派商务管理(深圳)有限公司 开户行：招行深圳科苑支行 账　号：81 5781 4257 1000 1 交行太平洋卡户名：桂林　卡号：6014 2836 3110 4770 8			
	附注	1. 请将订购单连同汇款单影印件传真或邮寄，以凭办理。 2. 订阅单请用正楷填写清楚，以便以最快方式送达。 3. 咨询热线：0755-25970306转158、168　传　真：0755-25970309 E-mail: szmiss@126.com				

→ 利用本订购单订购一律享受9折特价优惠。
→ 团购30本以上8.5折优惠。